Alimenta tu cuerpo
Fuel the Body

por/by Amanda Doering Tourville   ilustrado por/illustrated by Ronnie Rooney

Un agradecimiento especial a nuestros asesores por su experiencia/
Special thanks to our advisers for their expertise:

Nora L. Howley,
M.A. Consultora de Salud Escolar/M.A., School Health Consultant
Silver Spring, Maryland

Terry Flaherty, PhD, Profesor de Inglés/Professor of English
Universidad del Estado de Minnesota, Mankato/Minnesota State University, Mankato

PICTURE WINDOW BOOKS
a capstone imprint

Editor: Christianne Jones
Translation Services: Strictly Spanish
Designer: Tracy Davies
Bilingual Book Designer: Eric Manske
Production Specialist: Sarah Bennett
Art Director: Nathan Gassman
The illustrations in this book were created with
ink and watercolor.

Picture Window Books
151 Good Counsel Drive
P.O. Box 669
Mankato, MN 56002-0669
877-845-8392
www.capstonepub.com

All books published by Picture Window Books
are manufactured with paper containing at least
10 percent post-consumer waste.

Library of Congress Cataloging-in-Publication Data
Tourville, Amanda Doering, 1980–
 [Fuel the body. Spanish & English]
 Alimenta tu cuerpo = Fuel the body / por Amanda Doering
Tourville; ilustrado por Ronnie Rooney.
 p. cm.—(Picture Window bilingüe. Cómo mantenernos
saludables = Picture Window bilingual. How to be healthy)
 Summary: "Simple text and bright illustrations describe the food groups and
ways to stay healthy and strong—in both English and Spanish"—Provided
by publisher.
 Includes index.
 ISBN 978-1-4048-6890-8 (library binding)
 1. Nutrition—Juvenile literature. I. Rooney, Ronnie, ill. II. Title: Fuel the
body.
 RA784.T68318 2012
 612.3—dc22   2011000812

Printed in the United States of America in North Mankato, Minnesota.
032011   006110CGF11

Eating good food keeps your body healthy. A good diet helps your body stay strong. It also gives you energy. There are many ways to eat well every day.

Al comer alimentos nutritivos, tu cuerpo se mantiene sano. Una buena alimentación ayuda a tu cuerpo a estar fuerte. También te da energía. Hay muchas maneras de comer bien todos los días.

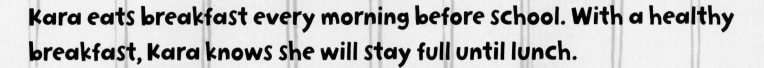

Kara eats breakfast every morning before school. With a healthy breakfast, Kara knows she will stay full until lunch.

Don't skip breakfast. You will be hungrier later in the day.

No dejes de desayunar.
Tendrás más hambre después.

Kara desayuna todas las mañanas antes de irse a la escuela. Con un desayuno saludable, Kara sabe que estará llena hasta la hora del almuerzo.

At lunch, Kara chooses a grilled chicken sandwich and a salad instead of fried chicken and chips.

A la hora del almuerzo, Kara escoge un sándwich de pollo asado y una ensalada, en lugar de pollo frito y papas chips.

For dessert, she has some strawberries.

De postre, ella come fresas.

After school, Kara wants a snack. She eats an apple and some almonds instead of cookies.

Después de la escuela, Kara quiere una merienda. Ella se come una manzana y unas almendras en lugar de galletas.

Apples and almonds have fiber in them. Fiber makes you feel full.

Las manzanas y almendras contienen fibra. La fibra te hace sentir lleno.

9

Kara's dad makes a nutritious dinner. Kara eats fish, potatoes, carrots, and broccoli. She has a glass of milk with her dinner.

El papá de Kara prepara una cena nutritiva.
Kara come pescado, papas, zanahorias y brócoli.
Ella bebe un vaso de leche en la cena.

Milk and milk products contain calcium. Calcium helps grow strong bones. Kids should drink milk or eat cheese or yogurt every day.

La leche y los productos lácteos contienen calcio. El calcio ayuda a desarrollar huesos fuertes. Los niños deben beber leche o comer queso o yogurt todos los días.

11

For dessert, Kara has a small piece of chocolate cake.
She eats it slowly and enjoys it. Yum!

De postre, Kara se come una pequeña rebanada de
pastel de chocolate. Ella come despacio y lo disfruta.
¡Muy rico!

It is OK to eat cookies, candy, cake, and chips once in a while. Just don't eat them too often or eat too much at once.

Está bien comer galletas, dulces, pastel y papas chips de vez en cuando. Pero no los comas demasiado seguido ni comas demasiado a la vez.

Kara is full, so she stops eating. She doesn't like to feel uncomfortable from eating too much.

Kara está llena, así que deja de comer. A ella no le gusta sentirse incómoda por comer demasiado.

When you are full, stop eating. Eating too much can leave you feeling sick.

Cuando te sientas lleno, deja de comer. Comer demasiado puede hacerte sentir mal.

Kara is hungry for a bedtime snack. She eats a piece of whole-wheat toast with jam and some yogurt.

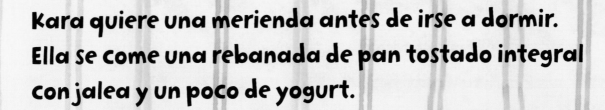

Kara quiere una merienda antes de irse a dormir.
Ella se come una rebanada de pan tostado integral
con jalea y un poco de yogurt.

Whole grains contain fiber, vitamins, and minerals. They help prevent heart disease.

Los granos enteros contienen fibra, vitaminas y minerales. Ayudan a prevenir enfermedades del corazón.

Kara likes burgers and fries but doesn't eat them very often. She knows that fast food has a lot of fat and salt in it.

Fast food is OK for a treat, but you shouldn't eat it very often. Eating too much fat and salt can cause health problems.

A Kara le gustan las hamburguesas y las papas fritas, pero no las come muy a menudo. Ella sabe que la comida rápida contiene mucha grasa y sal.

La comida rápida está bien para un día especial, pero no debes comerla muy a menudo. Comer demasiada grasa y sal puede ocasionar problemas de salud.

19

At a friend's house, Kara asks for water or juice instead of soda.
Soda has too much sugar in it.

Kara pide agua o jugo en lugar de refresco en casa de una amiga.
Los refrescos contienen demasiada azúcar.

It is always best to drink water instead of soda.
Make sure to drink plenty of water every day.

Siempre es mejor beber agua en lugar de refresco.
Asegúrate de beber abundante agua todos los días.

21

Kara tries to eat a balanced diet. She tries to eat the right number of servings of fruits, vegetables, grains, milk, and meat every day.

Kara trata de seguir una dieta balanceada. Ella intenta comer las porciones correctas de frutas, verduras, granos, leche y carne todos los días.

Kara eats well and stays healthy.

Kara se alimenta bien y se mantiene saludable.

23

Internet Sites

FactHound offers a safe, fun way to find Internet sites related to this book. All of the sites on FactHound have been researched by our staff.

Here's all you do:

Visit *www.facthound.com*

Type in this code: 9781404868908

Index

breakfast, 4
calcium, 11
dessert, 7, 12
dinner, 10
fast food, 18
fat, 18
fiber, 9, 17
fruit, 7, 8, 9, 22
juice, 20

lunch, 4, 6
milk, 10, 11, 22
salt, 18
snack, 8, 16
soda, 20, 21
sugar, 20
vegetables, 6, 10, 22
water, 20, 21

Sitios de Internet

FactHound brinda una forma segura y divertida de encontrar sitios de Internet relacionados con este libro. Todos los sitios en FactHound han sido investigados por nuestro personal.

Esto es todo lo que tienes que hacer:

Visita *www.facthound.com*

Ingresa este código: 9781404868908

Índice

agua, 20, 21
almuerzo, 5, 6
azúcar, 20
calcio, 11
cena, 11
comida rápida, 19
desayuno, 4, 5
fibra, 9, 17
fruta 7, 8, 9, 22

grasa, 19
jugo, 20
leche, 11, 22
merienda, 8, 17
postre, 7, 12
refresco, 20, 21
sal, 19
verduras, 6, 11, 22